彩图版

头脑密码

SCIENCE

策划/孟凡丽　主编/袁　毅

Wuhan University Press
武汉大学出版社

这是一个神奇的科学密码世界！

无论你是想了解史前生物，还是想知道未来科技；无论你是想大开眼界看看奇人异事，还是想开发智力让大脑做个健身操；无论你是想深入野外掌握丛林法则，还是想冲出地球和外星人打个招呼……"图说科学密码丛书"都能满足你的要求！

"图说科学密码丛书"取材优中选精，选取中小学生最感兴趣的五大知识领域，从中挑出他们最感兴趣的话题，并采用可爱卡通人物逛"科学密码世界"的形式串连所有知识点，让读者犹如亲临现场，从而加深印象，引发读者研究科学的兴趣。

"图说科学密码丛书"还特别以解密的方式设置了小栏目，巧妙利用前面出现过的知识设计了一些有趣的问题，让读者在边读边思考的同时，激发他们的创造力、思考力和分析能力。

我们相信，在你欣赏完"图说科学密码丛书"的那一刻，你一定会由衷地发出一声感叹：科学也可以如此美妙！

　　"图说科学密码丛书"是一套专为中小学生倾力创作的科普丛书，包括《史前密码》《丛林密码》《人类密码》《头脑密码》《未来密码》五个分册。从时间纵轴上来看，"图说科学密码丛书"涵盖了史前、现在和未来三个不同的时间段；从知识横轴上来看，它又囊括了青少年最感兴趣的动物、高科技、外星人、思维训练和奇人异事等知识领域。

　　"图说科学密码丛书"是一套新意迭出的少年科普读物，它将这些最有意思的知识用通俗生动的语言向读者层层铺开；同时它以主人公逛"科学密码世界"的形式把各个知识点串连起来，使内容变得趣味十足。那些专业、深奥的知识不再枯燥乏味，而是变成了一件件很有趣、很简单的事情。

　　"图说科学密码丛书"是一套体现先进编辑理念和特色的少儿读物。编辑以"科学传真、图文并解"这种少年儿童吸收科学知识最有效的方式为基础，参考先进国家的科学教育理念，培养和引导读者对科学的学习兴趣。

　　深度、广度兼具的"图说科学密码丛书"可以改变中国少年儿童"知识偏食"的习惯，是孩子课余时间的最佳读物。

每一年的年末，阳光学校都要举行一次"头脑总动员"活动，今年也不例外。这次轮到朵朵来当主持人了！为了把这次活动组织得更好，让同学们更加喜欢，朵朵很早就开始筹划活动了。在筹划过程中，还有很多热心的同学帮助朵朵选题目、写方案呢！

朵朵策划的"头脑总动员"总共分为三个环节，第一个环节是"智力撞击"，这个环节可是朵朵花了两天找来的经典题目，好玩、简单，又可以激活你的头脑；第二个环节是"思维逆转"，新奇有趣的智力谜题，让你在开心一笑的同时学会从另一个角度思考问题；最后一个环节就是同学们最喜欢的"谜案侦破"了，看你是不是新一代的"福尔摩斯"，测你够不够资格和柯南比一比，从细微之处找出疑点，增强你的观察力，提高你的逻辑思维能力，教你做一个合格的小侦探。

怎么样？朵朵的想法不错吧！可是她到底做得怎么样，还得由你来评价。还等什么，跟我们一起去参与吧！

目录

1 智力撞击

第一章
Chapter One
智力撞击

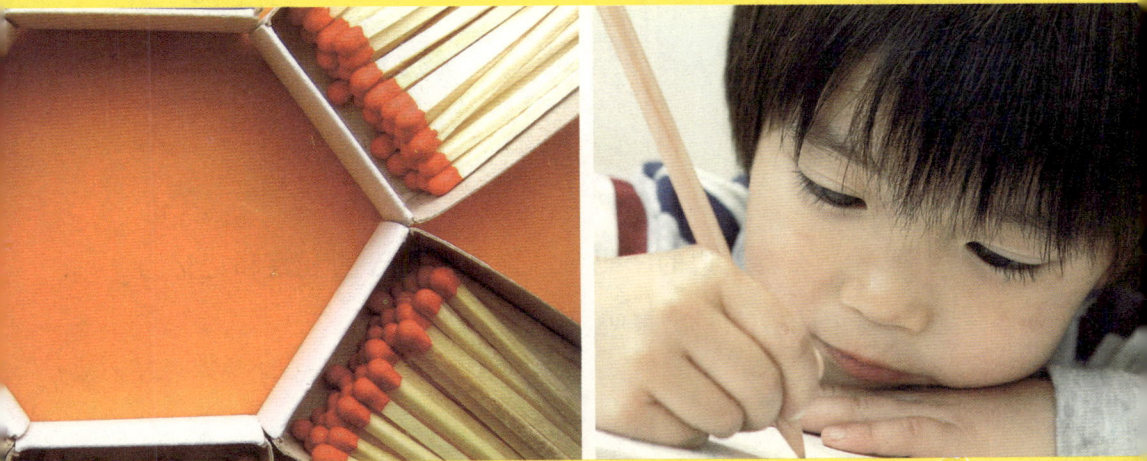

哇！"头脑总动员"终于开始了，好紧张啊！不过，没关系，我有聪明的头脑，而且已经做好了挑战的准备。你准备好了吗？5、4、3、2、1，比赛开始！

记忆密码

小石头找到3个密码锁的密码盘，这可是一个锻炼记忆力的好方法呢！只要仔细观察一下，你就会发现这些密码还是有规律可循的，记起来很容易哦。

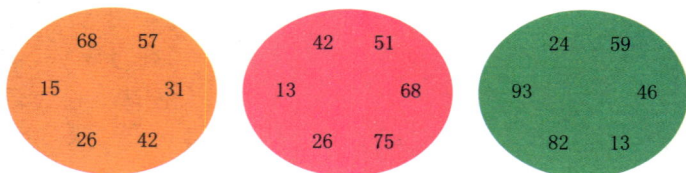

68	57
15	31
26	42

42	51
13	68
26	75

24	59
93	46
82	13

练习：不看上边的密码盘，你能靠自己的观察和记忆力把密码盘上的数字写出来吗？

三个女儿的年龄

　　一个经理有三个女儿，三个女儿的年龄加起来等于13，三个女儿的年龄乘起来等于经理自己的年龄。有一个下属已经知道经理的年龄，但仍不能确定经理三个女儿的年龄。这时经理说只有一个女儿的头发是黑的，然后这个下属就知道了经理三个女儿的年龄。请问三个女儿的年龄分别是多少？为什么？

盲人分袜子

有两位盲人，他们各自买了两对黑袜和两对白袜，八对袜子的布料、大小完全相同， 而每对袜子都有一张商标纸连着。两位盲人不小心将八对袜子混在了一起。他们两人怎样做才能取回黑袜和白袜各两对呢？

开关和灯

门外三个开关分别对应室内三盏灯，线路良好，在门外控制开关时候看不到室内灯的情况，现在只允许进门一次，如何确定开关和灯的对应关系？

红色球

你有两个罐子以及50个红色弹球和50个蓝色弹球，随机选出一个罐子，随机选出一个弹球放入罐子，怎么给出红色弹球最大的选中机会？在你的计划里，得到红色球的概率是多少？

15分钟

有两根不均匀分布的香，香烧完的时间是一个小时，你能用什么方法来确定一段15分钟的时间？

三人住旅店

有三个人去住旅馆，住三间房，每一间房10元，于是他们一共付给老板30元。第二天，老板觉得三间房只需要25元就够了，于是叫小弟退回5元给三位客人。谁知小弟贪心，只退回每人1元，自己偷偷拿了2元。这样一来便等于那三位客人每人各花了9元，于是三个人一共花了27元，再加上小弟独吞了的2元，总共是29元。可是当初他们三个人一共付出30元，那么还有1元呢？

小鸟飞行的距离

有一辆火车以每小时15千米的速度离开洛杉矶直奔纽约，另一辆火车以每小时20千米的速度同时从纽约开往洛杉矶。如果有一只鸟，以30千米每小时的速度和两辆火车同时启动，从洛杉矶出发，碰到另一辆车后返回，依次在两辆火车之间来回飞行，直到两辆火车相遇，请问，这只小鸟飞行了多长的距离？

总共停几站

一辆公共汽车载着20名客人驶进站，这时有5个人下了车，又上了5个人；下一站上来了7个人，下去了2人；再下一站下去了10人，上来了7人；再下一站下去了4人，上来了4人；再下一站下去7人，上来了16人；公共汽车继续往前开，到下一站下去5人，上来7人；再下一站下去5人，没有上来人；再下一站下去1人，又上来8人。那么这辆公共汽车共停了几站？

3个圆圈

下面的图形中有3个圆圈，每个圆圈每分钟分别转2圈、3圈和4圈。那么从现在开始，多少分钟后它们可以组成一个完整的三角形？

变字形

人们常用"口"来作为"井"的量词。请看下面的图形，它是由16根火柴组成的"井"字。如果要你移动6根火柴，将它变成两个同样大小的"口"字。你该怎么移动呢？

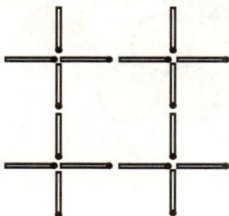

怎样颠倒

　　小石头的姐姐给小石头出了一道观察题，想考考小石头的观察力和思维力。题目是这样的：把下图中由10个圆圈组成的三角形颠倒过来，但是，只能移动其中的3个圆圈。小石头想了想，很快就解出了答案。你知道怎么移动吗？

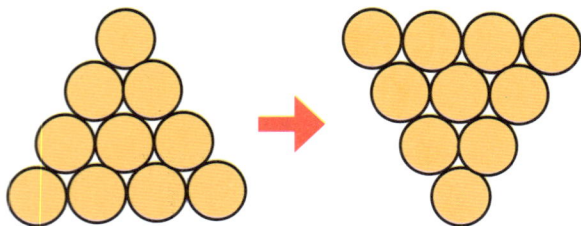

101 × 5

这天，侦探员鲁克要到数学系教授杰克家去了解一宗关于银行抢劫案的事情。

可是当他走到杰克家的门口时，发现大门半掩着，于是鲁克推开门走进了杰克的家中。

鲁克四处找了找，但是没有看到杰克。扫遍了整个客厅后，鲁克的目光停在了一台电脑的屏幕上，只见上面显示着"101 × 5"。鲁克看了觉得十分纳闷，难道杰克教授算这么简单的数学题还要用计算器？

突然，鲁克从这道式子中觉察到了什么，立即拨打了110。

动动脑筋，快想想这道算式题有什么意思吧！

买酒诗

　　李白是著名的唐代大诗人，有一天，他作了一首买酒诗，如下：

　　李白街上走，提壶去买酒。

　　遇店酒加倍，见花喝一斗。

　　三遇店和花，喝光壶中酒。

　　这首诗其实是一道有趣的数学题，你能根据诗中的内容算出壶中原有几斗酒吗？

迷宫里的灯

　　小石头带朵朵去走迷宫，可是他们走着走着，数上了迷宫里的吊灯。小石头说大灯有408盏，朵朵说小灯有1437盏。

　　已知，九星连环灯由3盏大灯，6盏小灯组成，而十八星连环灯由3盏大灯和15盏小灯组成。那你算算，迷宫里到底有多少盏九星连环灯和多少盏十八星连环灯？

找动物

　　森林里住了许多小动物，为了躲避猎人，现在有一种动物，用线条和黑三角把自己伪装起来，看下面的图，你能发现它们是什么动物吗？

平分图片

　　小明拿来了一些图片，让朵朵帮他解题。题目是将下面6张大小不一、形状又不规则的图片，分别剪成形状和大小都一样的两块。小明犯了难，到底该怎么剪呢？我们一起来帮帮小明吧！

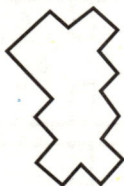

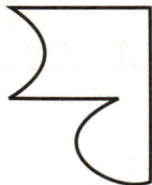

别墅的房间

　　小石头的家要搬到郊外的别墅去。别墅很大，房间很多，小石头选了1楼的8号房作为自己的房间，但是他又想一次性通过所有的房门，如下图所示。你说，从7号房间开始，小石头怎么样走才可以穿过所有的房间最终到达8号房间呢？

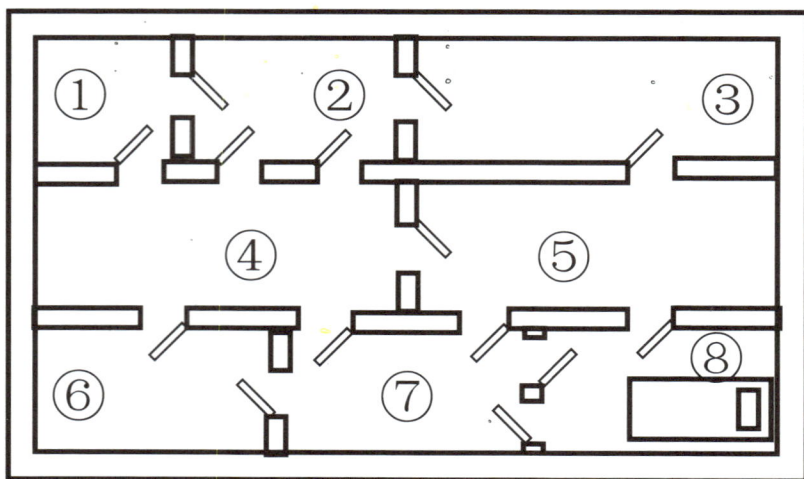

数字魔术

一天，朵朵要给小石头变一个魔术，把数字"九三"变成"三九"，小石头表示不相信朵朵能变出来。朵朵二话没说，立刻列出几个数学式子。小石头一看，佩服得五体投地。你知道朵朵是怎么做到的吗？不如你也来试试吧。

小船变图形

数学课上老师给同学们出了一道题，他用小火柴摆了一只小船，要求同学们只移动其中的4根火柴，把小船变成3个梯形和2个三角形的图形。朵朵很快就做出来了，你知道怎么移动吗？

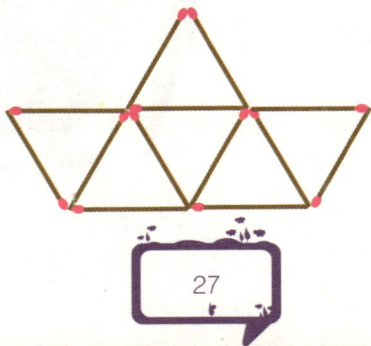

填数字

小石头也要给朵朵出一个数字游戏题，看到下面的圆环了吗？他要求朵朵在各个小圆圈里分别填写数字2或3，使每个大圆圈上的4个小圆圈填的数字的总和各不相同，该怎么做呢？

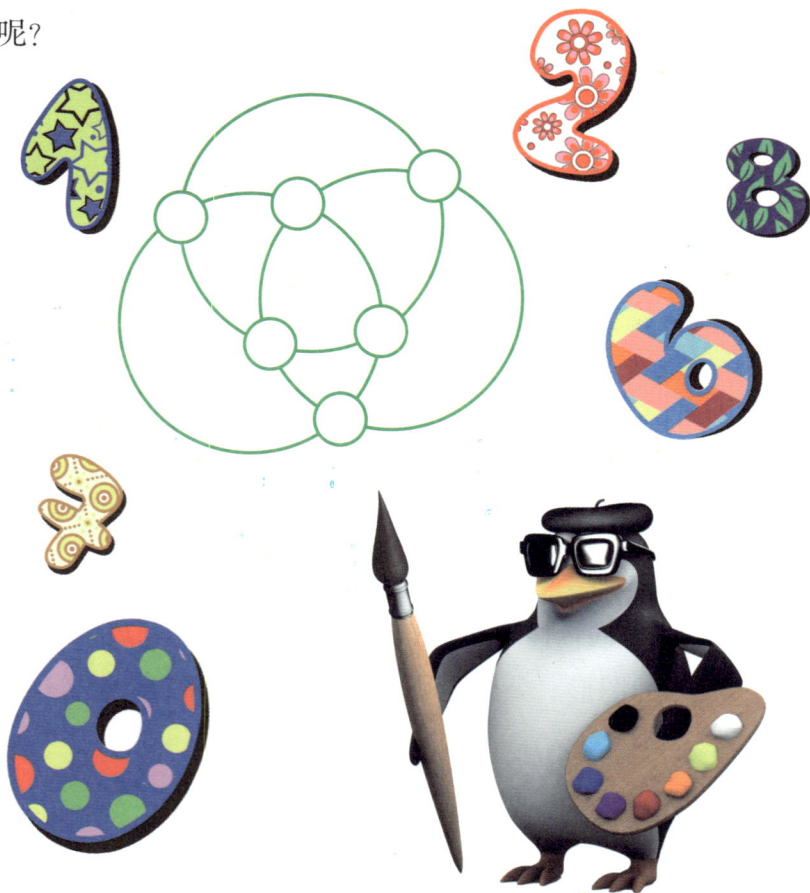

建等式

老师在黑板上写下了一个等式，要求在它们之间添加 +、−、×、÷，使这个等式成立。动手试试吧！

$$1 \quad 2 \quad 3 \quad 4 \quad 5 = 6 \quad 7 \quad 8 \quad 9$$

宝塔的规律

城东有一座5层宝塔，它是用5个等式堆积而成。等式如下：

$9 \times 6 = 54$

$99 \times 96 = 9504$

$999 \times 996 = 995004$

$9999 \times 9996 = 99950004$

$99999 \times 99996 = 9999500004$

现在要将这宝塔再加高2层，变成7层。仔细观察等式的规律，你会怎样加高它呢？

巧填唐诗

朵朵最近迷上了填词游戏，你也一起来玩吧。在括号里选一种动物名称（蜻蜓、骆驼、鸳鸯、凤凰、蝙蝠、蝴蝶、鹦鹉），填入下面各句唐诗的空格中：

合昏尚知时，□□不独宿，
八月□□黄，双凤西园草。
山石荦确行径微，黄昏到寺□□飞。
毡毛席里可立致，十鼓祇载数□□。

晴川历历汉阳树，芳草萋萋□□洲。
行到中庭数花朵，□□飞上玉搔头。
长安城连东掖垣，□□池对青琐门。

站队形

今天的数学课要在室外上，同学们来到操场，老师说："现在我想要大家按照我的要求来站队形，每组10个人，10个人站成5排，并且要每排站4个人。"

这下可难住了同学们，还好小石头聪明，很快就把队形排列方法说出来了。想一想，怎样才能排列出老师说的队形呢？

银河系

行星A、行星B和太阳同在一个银河系。已知，行星A绕太阳转一圈的时间是行星B的两倍，现在它们与太阳在一条直线上，那么它们下一次在同一条直线上需要多长时间？

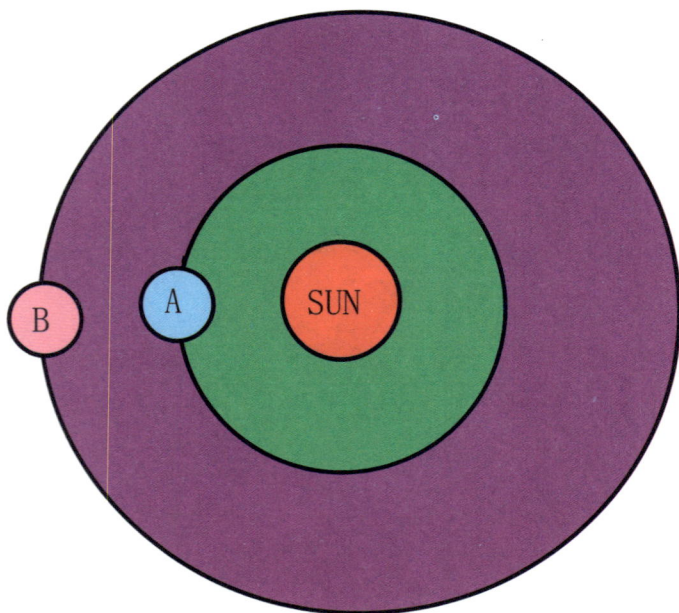

巧妙的对联

读下面的对联，想想你平时在语文学习过程中认识的诗人，你能否猜出每幅对联说的都是谁？

1. 一门父子三词客，千古文章四大家。（　　　）
2. 狂到世人皆欲杀，醉来天子不能呼。（　　　）
3. 玉帐深宵悲骏马，楚歌四面促红妆。（　　　）
4. 四面湖山归眼底，万家忧乐到心头。（　　　）

添笔画

找一张白纸，请你在纸上先写好14个"人"字，然后在每个人字上加一笔到三笔，使它变成14个不同的字。

小岛上的桥

一个热爱旅行的旅行家，到了一个流沙堆积的小岛上。一座破旧的小桥把小岛与河岸相连，因为很久没有人走了，所以破烂不堪。

旅行家很好奇，就从桥上走到小岛上去了。可是，在返回走在桥上的时候，桥就发出"嘎嘎"的声响，好像快要断了似的，旅行家害怕了，只好退到岛上。他不会游泳，这里也没有人烟。他在岛上待了五天，还没有人经过，于是第六天，他再一次尝试过桥。结果，这一次他顺利返回岸上。

这到底是怎么回事？

图中图

小石头自称自己眼力很好，朵朵就拿出一道题来考考他的眼力。右图是一个由三角形和菱形组成的图案，这个图案中隐藏着一个正六边形，你能看出这个正六边形在哪里吗？

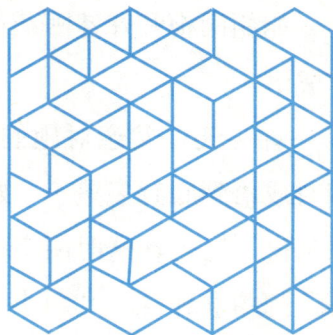

考考你

哈哈，你知道F1方程式赛车什么时候和火车同一方向、同一速度前进吗？

成语之家

姐姐阿梅和妹妹阿花都喜欢成语，平时总是话一出口，就有成语。

有一天，父亲对她们说："我今天来考考你们，看看你们对成语到底有多熟。"姐妹二人满口答应。父亲说："现在来猜谜。"正在这时两个小弟弟也要来猜，父亲把两个弟弟推开。阿梅立即说："两小无猜。"父亲又指着壁上一张画着拔河场面的画，阿花很快接口说："齐心协力。"小弟弟又挤到桌边来看，把墨水瓶撞倒了，桌上的白纸上流着一滩墨汁，姐妹异口同声地说："一团漆黑。"

这时，妈妈坐在旁边一手拿针，一手拿着线，眼睛盯着针孔。父亲指着妈妈的样子要姐妹俩说出成语来，姐妹俩你看我我看你，谁都讲不出话来。

你能说出这个成语吗？

变三角形

朵朵用三根小木棍组成了一个三角形。在这个三角形的基础上加两根小木棍，就能使三角形数量由1个变成10个。你觉得这可能吗？

分隔点

快来看，右图中有18个分布不规律的圆点。现在要求你用3组平行线将它们分隔开，使每个点都单独在一个区域内，你能做到吗？

图形规律

考考你的观察力！下面的图形有一定的变换规律，仔细观察前面3个图形的变换规律后，你能画出"？"里的图形吗？

?

数字规律

仔细观察圆圈中数字的规律，想一想，第三个圆圈中，问号代表什么数字？

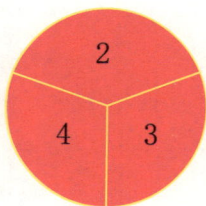

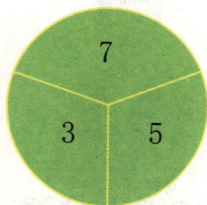

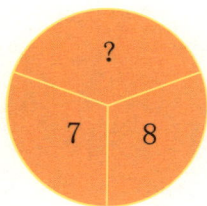

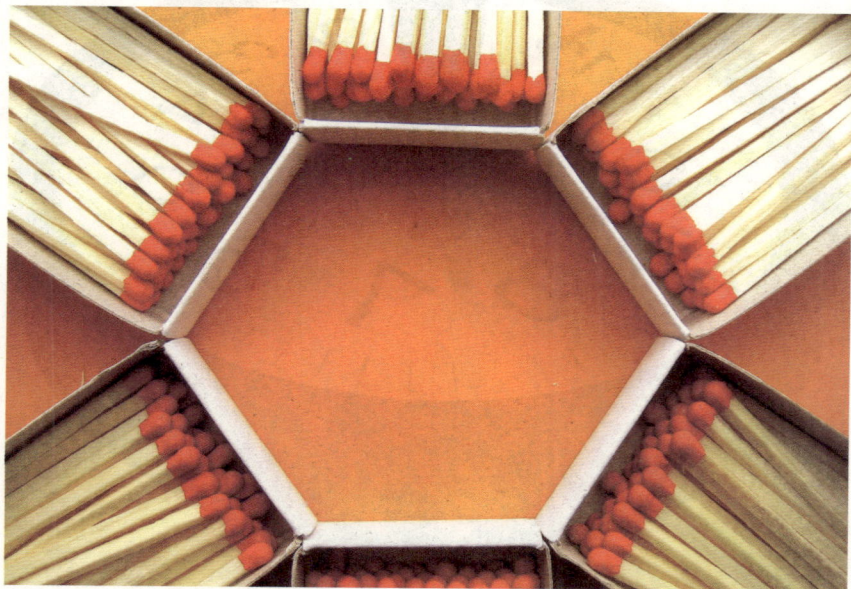

钟表有几次重合

钟表有时针、分针、秒针。在12小时内时针、分针、秒针会重合。你能算出时针、分针、秒针在12小时内能重合几次吗？

速算

你能用最快的逞度算出这道算术题的正确答案吗？

55555+55555−55555 × 55555 ÷ 55555=？

巧剪绳圈

仔细观察一下下面的图，剪断哪个绳圈，可以让所有的绳圈都分开？

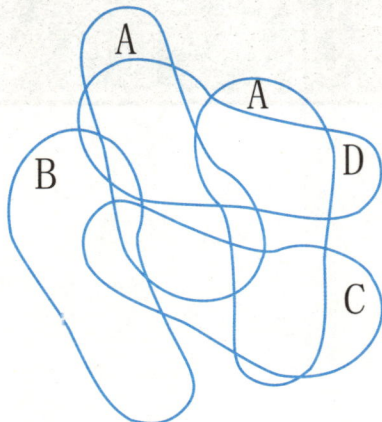

奇妙的算式

小石头最近新看了一道题，他想让朵朵也做一下。题目是这样的，把数字123456789，由小到大排列，然后在它们中间添加一些加号或减号，使它们的运算结果等于右边的100。你能想到多少种运算方法呢？

提示：相邻两个数字可以相互组合。

123456789=100

比面积

　　朵朵拿来两张画了圆形图案的图纸，她让小石头猜猜两张图中哪一个的绿色部分面积大？小石头说左边的大一些。朵朵摇摇头，你觉得呢？

钥匙孔

　　小石头的钥匙丢了，他请锁匠叔叔帮他配一把钥匙。可是，他去取钥匙时，锁匠叔叔说钥匙被小老鼠偷走了。如果他能找到小老鼠手中的钥匙对应的钥匙孔，就能拿到钥匙。一把锁对应一把钥匙，图中哪个孔芯才是正确的呢？快来帮帮小石头吧！

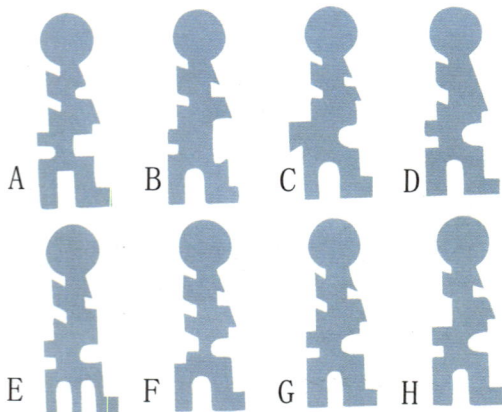

A　　B　　C　　D

E　　F　　G　　H

数字中的成语

数字中也藏着成语哦！看下面的数字，你能不能慧眼识成语？

12345609 （　　　　　）　　1256789 （　　　　　）

1 2 3　　（　　　　　）　　333 555 （　　　　）

3.5　　　（　　　　　）　　 5 10　　（　　　　）

9寸 +1寸=1尺（　　　　　　）

"3"的趣味计算

在下列十则算式中添上四则运算符号，使等式成立。

（1）3 3 3 3 3 3＝1

（2）3 3 3 3 3 3＝2

（3）3 3 3 3 3 3＝3

（4）3 3 3 3 3 3＝4

（5）3 3 3 3 3 3＝5

（6）3 3 3 3 3 3＝6

（7）3 3 3 3 3 3＝7

（8）3 3 3 3 3 3＝8

（9）3 3 3 3 3 3＝9

（10）3 3 3 3 3 3＝10

罐子的药被污染了

你有四个装药丸的罐子，每个药丸都有一定的重量，被污染的药丸是没被污染的药丸的重量＋1，只称量一次，如何判断哪个罐子的药被污染了？

抓果冻

你有一桶果冻，其中有黄色、绿色、红色三种，闭上眼睛，抓取两个同种颜色的果冻。抓取多少个就可以确定你肯定有两个同一颜色的果冻？

头脑密码

　　小石头和朵朵到商店里去买东西，朵朵挑了四件东西，总价是6.75元。其中一件东西的价格是1元钱。朵朵准备付钱，小石头发现店主用计算器算价时按的不是加法键，而是乘法键！小石头正准备提醒店主，可店主已经把价钱算好了，一共是6.75元钱。

　　店主没有按错数字，总价却没有算错，这是怎么回事儿？那么，你知道这4件东西的单价各是多少吗？

　　答案：4件东西的单价分别为1元、1.50元、2元、2.25元。

答 案

第13页：

此经理有一对双胞胎女儿，她们的年龄分别是：2岁、2岁、9岁；经理的年龄是36岁；有以下几种可能：$1×1×11=11$，$1×2×10=20$，$1×3×9=27$，$1×4×8=32$，$1×5×7=35$，$1×6×6=36$，$2×2×9=36$，$2×3×8=48$，$2×4×7=56$，$2×5×6=60$，$3×3×7=63$，$3×4×6=72$，$3×5×5=75$，$4×4×5=80$ 而其中，只有一个女儿头发是黑的说明有一个年纪比较大，剩下两个较小，因此只有$2×2×9=36$一种可能。

第14页：

1. 把袜子放在太阳下晒一晒，黑色吸热后温度升高，四双黑色和四双白色的袜子就区分出来了，再一人两双就好。

2. 在门外开两盏灯，其中一盏一直开着，一盏开10分钟后关掉；进屋，亮着的那盏对应一直开着的，没亮的两盏中灯泡热的对应刚才关掉的，凉的对应没开过的那盏。

第15页：

1. 红色弹球最大的选中机会：一个罐子放一个红球，另一个罐子放49个红球和50个蓝球，得到红球概率大于

50%.

2. 一只两头点燃，另一只一头点燃，当第一只烧完后，第二只再两头点燃，就可以得到15分钟。

第16页：

怎么会是每人每天9元呢，每人每天的费用为$(25/3)+1$，那1元差在$25-24=1$。

第17页：

假设洛杉矶到纽约的距离为s，那么小鸟飞行的距离就是$(s/(15+20))×30$。

第18页：

8站

第19页：

1. 永远不可能。

2.

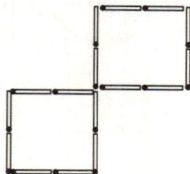

第20页：

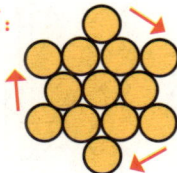

第21页：

$101×5=505$，505看上去就像是 sos，这是求救信号！

第22页：

李白先遇到店，后遇花，第三次见到花前壶中正好有1斗酒。那么在遇到第三个店前有1/2斗酒，以此类推，第二次遇到花时，壶中的酒是3/2，第二个店前有酒3/4斗，那么第一次加倍之前也就是原来应该有的酒是：$1/2 ×（1/2 ×3/2+1)=7/8$(斗)。

第23页：

先求出两种灯的个数：$408÷3=136$（盏），再把136盏灯看作是九星连环灯，则有：$（1437-6×136）÷（15-6)=69$（盏），即十八星连环灯有69盏，九星连环灯有$136-69=67$（盏）。

第24页：

长颈鹿，用水彩笔把只有一个小三角的格子涂上颜色，你就能看出是什么动物了。

第25页：

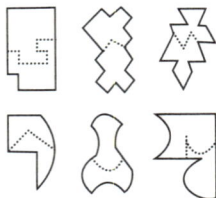

第26页：

从7号房间开始，依次通过
$7→8→7→6→4→1→2→4→2→3→$
$5→4→7→5→8$。

第27页：

1. $3＋9=9+3$　　$3×9=9×3$

2.
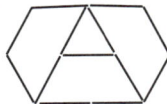

第28页：

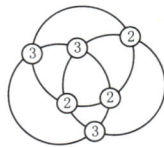

第29页：

1. $1×2+3+4×5=6×7-8-9$

2. 通过观察原来的宝塔，揣摩各层排列的规律，可以按原规律往下再接下去，如：
$999999×999996=999995000004$

第30页：

鸳鸯，蝴蝶，蝙蝠，骆驼，鹦鹉，蜻蜓，凤凰。

第31页：

按照五角星的形状站，10个同学分别站在五角星的5个交点和5个顶点上。

第32页：

一年（12个月）。此时行星B转了360度，回到了起点，而行星A刚好转了180度，它们与太阳位于同一直线。

第33页：

1.①前半句：苏洵、苏轼、苏辙；后半句：苏轼、欧阳修、韩愈、柳宗元；②李白；③项羽；④范仲淹。

2.大，天，夫，太，犬，今，木，尺，个，介，从，队，欠，火。

第34页：

这个人在流沙堆积成的小岛上呆了五天，也就绝食了五天。正因为这样，他的身体变得骨瘦如柴，体重轻得可以过这座桥。

第35页：

1.

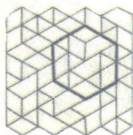

2.把赛车放到火车上的时候。

第36页：

穿针引线。

第37页：

1.

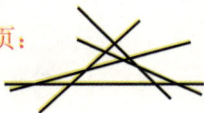

2.

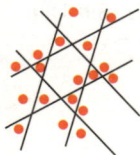

第38页：

第1行图形由左向右变化的规律是左右颠倒后再上下颠倒，然后将移到上面的图形以中线为对称轴做出另一半图形。

第39页：

9。前2个圆中对应数字相加，对应第3个圆中对应位置的数字。如，8=3+5　7=4+3。

第40页：

1次。只有12点三针才会完全重合。

第41页：

1.55555

2.A

第42页：

可以写出很多不同的式子，都满足问题的条件。下面是其中的几个：

$12+3-4+5+67+8+9=100$，

$12+3+4+5-6-7+89=100$，

$1+23-4+56+7+8+9=100$，

$123-4-5-6-7+8-9=100$，

$123+45-67+8-9=100$，

123＋4－5＋67－89=100。

一样大。

正确的钥匙孔为G。

12345609（七零八落）

1256789（丢三落四）

1 2 3（接二连三）

333 555（三五成群）

3.5（不三不四）

5 10（一五一十）

9寸+1寸=1尺（得寸进尺）

（1）（3＋3）÷3－3÷3=1

（2）3×3÷3－3÷3=2

（3）3×3÷3×3÷3=3

（4）（3＋3＋3＋3）÷3=4

（5）3÷3＋3＋3÷3=5

（6）3×3＋3－3－3=6

（7）3×3－（3＋3）÷3=7

（8）3＋3＋3－3÷3=8

（9）3×3÷3＋3＋3=9

（10）3＋3＋3＋3÷3=10

1.先假设每颗药丸重x克，然后每个罐分别标上1，2，3，4号。一号取一颗药丸，二号取两颗药丸，是几号就取几颗，一起称，如果是一号被污染质量为（10x+1），　二号被污染质量为（10x+2），依此类推。

2.4个。

第二章
Chapter Two
思维逆转

头脑密码
TOUNAO

孔子与孟子有什么区别？为什么蜗牛从上海到北京只用了一分钟？两个人分五个苹果，怎么分才是最公平的？这些问题的答案你都想到了吗？朵朵可是准备要提问了哦！

大和小

数个大小形状相同的物体并排一起时，有没有可能愈接近自己的东西看起来愈小，愈远离的物体看起来愈大呢？

不在乎

别人跟阿丹说她的衣服怎么没衣扣，她却不在乎，为什么？

速度

有A、B两辆汽车以完全相同的速度，分别行驶于紧邻的两条道路上。不久之后，虽然两车都未改变车速，但是B车突然开始超越A车，已知两条道路都是直线。这有可能吗？

过河

有两个人同时来到了河边，都想过河，却只有一条小船，而且小船只能载1个人，请问，他们能否都过河？

看病

谁天天去看病？

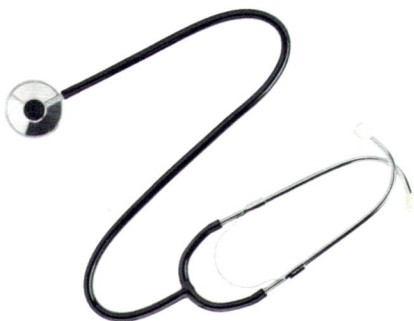

大师

有一位大师武功了得，他在下雨天不带任何防雨物品出门，全身都被淋湿了，可是头发一点没湿，怎么回事？

吃早餐

在早餐时从来不吃的是什么？

➡ ➡ ➡ ➡ ➡ ➡ ➡ ➡ ➡ ➡ ➡ ➡

老张有病

老张有很厉害的胃病，可他每周有五天总往牙科跑，这是为什么？

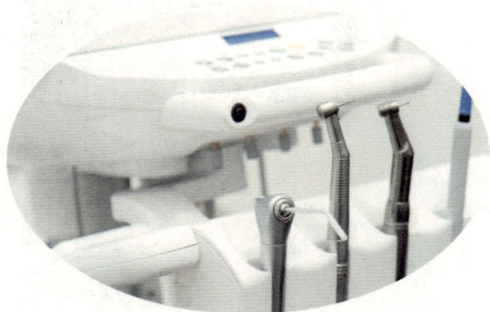

一把伞

三个人共撑一把伞在街上走,却没有淋湿身,为什么?

只有一只右手

如果你生出的孩子只有一只右手你会怎么办?

数学成语

数学和语文是紧密联系的，你能猜出下面两个式子分别是什么成语吗？

$1000 \times 10 = 10000$

1、2、3、4、5

字典

字典放在地上为何没人能跨过去？

孔子

孔子除了是伟大的教育家，思想家，还是什么家？

第一名

婷婷每次赛跑都是倒数第一名，为什么这次比赛她却是正数第一名？

没来的东西

什么东西将要来，但是从来没有来过？

不是双胞胎

有一个刚生下的婴儿，他有和他同年同月同日出生的兄弟，而且是同一对父母生的，但他们不是双胞胎，这可能吗？

一分钟

蜗牛从上海到北京只用了一分钟，为什么？

狡猾的猎人

一只小鸟正在飞，猎人对它说了句话，小鸟就掉下来了。你猜猎人说了什么？

剪不断的绳子

有一根绳子，把中间剪断，仍是一条。你知道这是为什么吗？

棍子变短

有一根棍子，要使它变短，但不准锯断、折断、削短，有什么办法呢？

出国旅行

小王与父母头一次出国旅行，由于语言不通，他的父母显得不知所措，小王也不懂外语，却像在自己的国家一样，丝毫没有感到不便，这是为什么？

解雇

有一个人一年才上一天班，而且他不怕被解雇。他是谁？

哪个月的话最少

张大妈整天说个不停，可有一个月她说话最少，那是哪个月？

锤不破

铁锤锤鸡蛋为什么锤不破？

到底是谁

小明的妈妈生了一个孩子，但小明不叫他弟弟，也不叫他哥哥，这个人是谁？

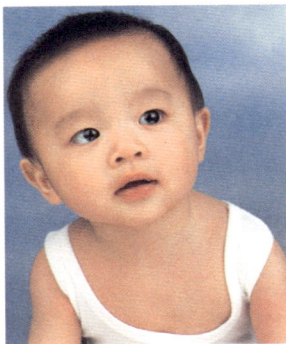

半个人影

小王中午去开会，为什么连半个人影也没看到？

没有锁的门

小张被关在一间并没有上锁的房间里，可是他使出吃奶的力气也不能把门拉开。这是怎么回事？

不贪钱

蜈蚣、蜗牛、蜜蜂，它们谁最不贪钱？

向左向右

小红和小丽是同学，也住在同一条街上，她们总是一起上学。可是每天一出家门，她们就一个向左走，一个向右走，这是怎么回事呢？

8个苹果

一个筐里装了8个苹果，老师把它们分给了8个小孩，每人一个，最后一看，筐里还剩了一个。为什么？

不咬人的蛇

森林里有一条眼镜蛇，可是它从来不咬人，为什么？

不能说的词语

什么词语不能开口说，只要一说就打破了？

近视眼

明明是个近视眼，也是个出名的馋小子，在他面前放一堆书，书后放一个苹果，你说他会先看什么？

猴子掰玉米

平时猴子每分钟能掰一个玉米，在果园里，一只猴子5分钟能掰几个玉米？

最后的牙齿

最后冒出来的牙齿是哪一颗？

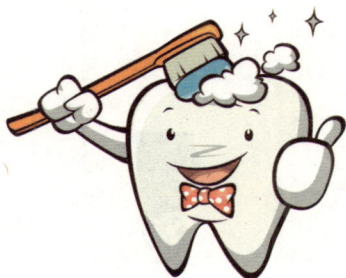

4减1等于5

4减1在什么情况下等于5？

被43除尽

三张分别写有2、1、6的卡片，能否排成一个可以被43除尽的整数呢？

2 1 6

五角五分

大明有两个硬币，共五角五分。其中一个不是五角，你知道大明拥有的是哪两个硬币吗？

孔子与孟子

孔子与孟子有什么区别？

没发生的事故

一天，有一辆没有开任何照明灯的卡车在漆黑的公路上飞快地行驶。天空下着雨，没有月光，也没有路灯。突然，一位身穿黑衣的盲人横穿公路！汽车司机紧急刹车，避免了一次恶性事故的发生。

你知道为什么司机在这么漆黑的路上还能看到一身黑衣的盲人吗？

谁走得最远

地球上什么东西每天要走的距离最远？

睁一只眼，闭一只眼

小王是一名优秀士兵，在站岗值勤时，他明明看到有敌人悄悄向他靠近，为什么他却睁一只眼闭一只眼？

贵重的东西

什么贵重的东西最容易不翼而飞?

狗赛跑

两只狗赛跑,甲狗跑得快,乙狗跑得慢,跑到终点时,哪只狗出汗多?

吃鸡蛋

一个人空肚子最多能吃几个鸡蛋？

冻不死的鹅

把一只鸡、一只鹅放冰箱里，后来鸡冻死了，鹅却活着，为什么？

这样分

两个人分五个苹果，怎么分最公平？

大雁南飞

为什么大雁秋天要飞到南方去？

不会相碰

什么东西说"父亲"时不会相碰，叫"爸爸"时却会碰到两次？

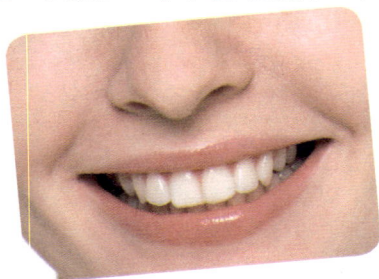

不看医生

什么人生病从来不看医生？

没有病人

有一家医院，自从建院以来从来没有收到过一个病人。你知道为什么吗？

真实的消息

报纸上登的消息不一定百分之百是真的，但什么消息绝对假不了？

新袜子

为什么新买的袜子有两个洞？

笑声

法国人的笑声跟我们有什么不同？

不长土里

哪种竹子不长在土里？

动物园里有啥

家有家规，国有国规，那动物园里有啥规？

贝多芬

贝多芬给了学生什么样的启示？

数学谜语

一又七分之一，打一字。

谁咬的

阿明被蚊子咬了一大一小两个包。请问较大的包，是公蚊子咬的，还是母蚊子咬的？

冬冬的爸爸

冬冬的爸爸牙齿非常好，可是他经常去口腔医院，为什么？

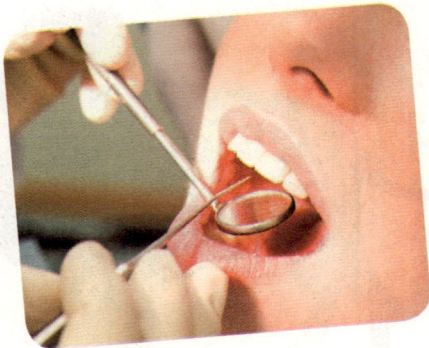

比盐重

什么时候棉花比盐重？

哪里最安全

　　动物园中，有两只狮子趁管理员忘记给笼子上锁的机会逃了出来，在公园内跑来跑去。人们一边避险，一边找管理员，而管理员却躲到一个更安全的地方去了。此地为何处？

楚楚的生日

楚楚的生日在三月三十日，是哪年的三月三十日？

吃饼

3个孩子吃3个饼要用3分钟，90个孩子吃90个饼要用多少时间？

露天音乐会

在一个露天的音乐会上，歌手唱得很差，但仍然不断有人鼓掌，这是为什么？

网兜提水

网兜要什么时候才可以提水？

长尾巴的东西

什么东西晚上才会长出尾巴？

放在外面的金子

铁放到外面要生锈，那金子呢？

鱼缸里的鱼

明明家的鱼缸里有10条鱼，死了一条之后，鱼缸里还有多少条鱼？

黑头发

黑头发有什么好处？

警察弟弟

一个警察有个弟弟，但弟弟否认有个哥哥，为什么？

打麻将

四个人在一间小屋里打麻将（没有其他人在看着）。这时警察来了，四个人都跑了，可是警察到了屋里又抓到一个人，为什么？

船沉了

一艘船最多能承受50个人，现在已经坐了49个人了，这时又来了一个人，谁知那艘船却沉了，为什么？

一堆西瓜

一堆西瓜减一堆西瓜，打一个字？

14根蜡烛

小王13岁的生日为何点了14根蜡烛？

作弊

在一次监考严密的考试中，有两个学生交了一模一样的考卷。主考官发现后，并没有认为他们在作弊，这是什么原因？

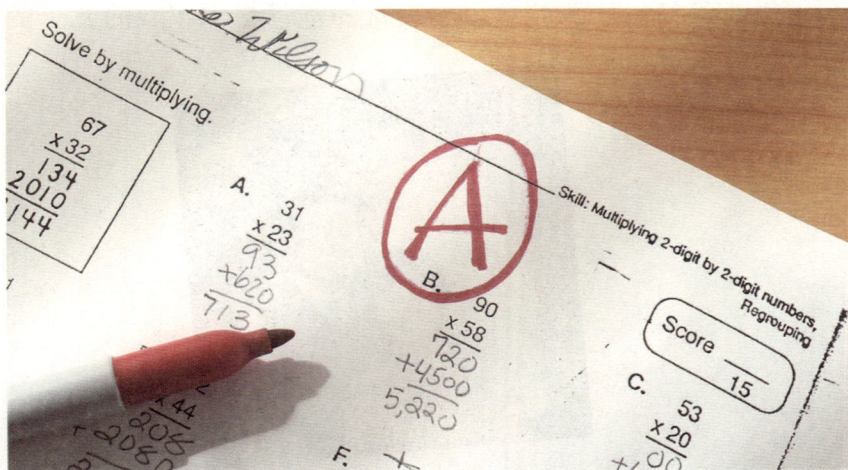

飞到哪里

飞机从北京出发，飞到广州需要2个多小时。目前飞机已经飞行了1个小时，飞机现在应该在什么地方？

什么关系

你的爸爸的妹妹的堂弟的表哥的爸爸与你叔叔的儿子的嫂子是什么关系？

猫

一只凶猛的饿猫，看到老鼠，为何拔腿就跑？

圣诞老人

今年圣诞夜，圣诞老人第一件
放进袜子的是什么东西？

沙僧作弊

沙僧参加数学考试，为什么监考老师要说他作弊？

➡ ➡ ➡ ➡ ➡ ➡ ➡ ➡ ➡ ➡ ➡

企鹅

动物园里，企鹅和爱斯基摩狗紧挨着，它们的数量是72只，腿的数量是200条。请问：有多少只企鹅？

不准过桥

一座桥上面立有一牌，牌上写"不准过桥"。但是很多人都不理睬，照样过去。你说这是为什么呢？

哆啦A梦

为什么哆啦A梦一辈子都生活在黑暗中？

称体重

胖胖站在体重秤上称体重，指针指向3，按常理说胖胖不会这么轻的，这是什么原因？

动物园

进动物园第一个看到的是谁？

画圆

小明画了好大一个圆，你知道画圆时是从什么地方开始的吗？

买剪刀

一个聋哑人到五金商店买钉子，他把左手比划成夹着钉子的样子，然后伸出右手做锤子状，服务员给他拿出锤子，他摇了摇头，服务员给他拿来钉子，他满意地点点头。接着来了一个盲人，那么，他怎样才能买到剪刀？

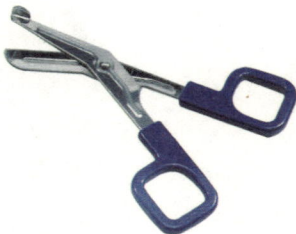

受伤

两架乘满乘客的飞机在空中相撞，飞机上的人为什么一个也没有受伤呢？

洗衣服

小小的妈妈在洗衣服，但洗了半天，她的衣服还是脏的，为什么？

一把刀

一个经历了婚姻破碎的男人，桌上放着一把刀，请问他要做什么？

躲雨

一场大雨，忙着耕种的农民纷纷躲避，却仍有一个人不走，为什么？

谁的蛋

东东养的鸽子在明明家下了一个蛋，请问这个蛋应属于谁的？

通用的

什么话是世界通用的？

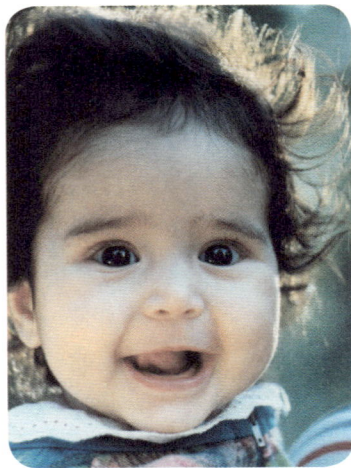

吃苹果

吃苹果时，咬下一口……看到有一条虫，觉得很可怕，看到两条虫，觉得更可怕，看到有几条虫让人觉得最可怕？

买衬衫

小明带100元去买一件75元的衬衫，但老板只找了5块钱给他，为什么？

门

什么门永远关不上？

假如我是一位经理

教师给学生们布置作文，题目是"假如我是一位经理"。绝大部分学生马上埋头写作，唯有一位男生操着手，靠在椅子上，无动于衷。老师问他为什么不写，你知道他给了一个怎样令老师哭笑不得的回答吗？

握手

一次宴会上，一对夫妻同客人共握手48次，问这次宴会上共有几人？

用餐

餐厅里，有两对父子在用餐，每人叫了一份70元的牛排，付账时只付了210元，为什么？

📘 头脑密码

　　有一只猫发现离它10步远的前方有一只奔跑着的老鼠，便追了上去。猫的步子大，它跑5步的路程，老鼠要跑9步。但是老鼠的动作快，猫跑2步的时间，老鼠能跑3步。

　　请问：按照现在的速度，猫能追上老鼠吗？如果能追上，它要跑多少步才能追上老鼠？

答案：猫要跑60步才能追上老鼠。

答案

第54页：

1.如使用镜子反射，会出现这种情况。

2.有拉链的。

第55页：

1.A车道有下坡路段，使距离变长。

2.能，因为他们分别在河的两边。

第56页：

1.医生。

2.他是和尚没头发。

第57页：

1.午餐和晚餐。

2.老张是牙科医生。

第58页：

1.因为没有下雨。

2.哪有人有两只右手的。

第59页：

1.成千上万、屈指可数。

2.字典放在墙角处。

第60页：

1.老人家。

2.因为只有她一个人参加比赛。

第61页：

1.明天。

2.可能是三胞胎。

第62页：

1.地图上。

2.呀，你的翅膀掉毛了！

第63页：

1.因为它是一个绳圈。

2.找一根比它长的棍子和它比。

第64页：

1.他是婴儿。

2.圣诞老人。

第68页：

1.二月份。

2.铁锤肯定不会破。

第66页：

1.就是他自己。

2.影子是没有半个的。

第67页：

1.推开门就行。

2.蜈蚣，因为"无功"不受禄。

第68页：

1.她们的家门是相对着的。

2.老师把最后一个苹果连筐一起分给了最后的小孩。

第69页：

1.那个森林里没有人。

2.沉默。

第70页：

1.什么都看不见。

2.没掰到一个，因为果园没玉米。

第71页：

1.假牙。

2.4个角的东西减去一个角。

第72页：

1.129（把6的卡片翻过来就是）。

2.不是五角的是五分，另一个是五角。

第73页：

1.孔子的"孔"字中的"子"在左边，孟子的"孟"字中的"子"在上边。

2.漆黑是公路的颜色，当时是白天。

第74页：

1.地球（地球每天自转一周为四百万千米）。

2.他正在瞄准。

第75页：

1.人造卫星。

2.狗不会出汗。

第76页：

1.只能一个。因为吃第二个的时候已经不是空肚子了。

2.企鹅。

第77页：

1.榨成果汁。

2.如果走，那就太慢了。

第78页：

1.上下嘴唇。

2.盲人。

第79页：

1.这是一家宠物医院。

2.日期。

第80页：

1.没有洞怎么穿呀？

2.他们是用法语笑的。

第81页：

1.爆竹。

2.乌龟。

第82页：

1.背了课本就会多得分（背多分）。

2.片。

第83页：

1.母蚊子。因为公蚊子是不咬人的。

2.因为他是牙科医生。

第84页：

1. 浸了水。

2. 关狮子的笼子里。

第85页：

1. 每年的三月三十日。

2. 也是3分钟，90个孩子同时吃。

第86页：

1. 拍蚊子。

2. 当水变成冰，用网当然可以提。

第87页：

1. 流星。

2. 会被偷走。

第88页：

1. 10条。因为死鱼也是鱼。

2. 不必担心被晒黑。

第89页：

1. 因为那个警察是女的。

2. 四个人在屋里打一个叫"麻将"
的人，警察抓到的是他。

第90页：

1. 它是潜水艇。

2. 零。

第91页：

1. 那晚停电，有一根是用来照明的。

2. 两张考卷都是白卷。

第92页：

1. 在空中。

2. 亲戚关系。

第93页：

1. 跑去追老鼠。

2. 他自己的脚。

第94页：

1. 因为老师认为他脖子上的佛珠是
算盘。

2. 44只企鹅。

第95页：

1. 这座桥的名字叫"不准过桥"。

2. 因为他伸手不见五指。

第96页：

1. 因为秤已经转过一圈了。

2. 售票员。

第97页：

1. 从笔尖开始。

2. 盲人是会说话的。

第98页：

1. 飞机上的人全都死了。

2. 因为她洗的是别人的衣服。

第99页：

1. 要学着自己做菜。

2. 那是一个稻草人。

第100页：

1.鸽子的。

2.电话。

第101页：

1.半条虫。

2.小明就只给了老板80元钱。

第102页：

1.球门。

2.我在等秘书。

第103页：

1.6人。

2.这是祖孙三人。

第三章
Chapter Three
谜案侦破

头脑密码
TOUNAO

哈哈，有没有信心挑战这一个环节——"谜案侦破"？准备好了吗？你能否看出这些案件的破绽，帮探长找到偷佛珠的小偷？一副普通的扑克牌暗藏哪些玄机？赶快跟我一起去到现场看一下吧！

罗曼遇害真相

荒野中，有个叫罗曼的男子被人绑在树上窒息而死。朗波侦探到了出事地点，协助警方侦破此案。他发现罗曼的嘴被堵着，脖子被生牛皮绕了三圈。经警方鉴定死亡时间是在下午四点左右。警方马上逮捕了一个嫌疑犯。

但经过调查，此人从上午至下午尸体被发现为止，不在作案现场。警方找不到证据，要释放此人。不料被朗波拦住，他详细地做了一番分析，此人终于承认了自己的罪行。

请问：凶手是用什么手段蒙蔽警方的？

提 示

从死者脖子上的生牛皮和死亡时间推理。

十三朵玫瑰

威恩·海克特租用的房间只有一扇窗和一扇门，而且都在里面锁上了。警察们小心翼翼地弄开门，进入房间，只见海克特倒在床上，中弹死了。

警官打电话给海尔丁探长，向他报告了情况："今天早上第103街地铁车站那儿卖花的小贩打电话报警，说海克特在每个星期五晚上都要到他那里买13朵粉红色的玫瑰，已经10个年头了，从未间断过，可这两个星期他都没去。那小贩有点担心出事，就给我们打了电话。初步看来，海克特像是自己先锁上了门和窗，然后坐在床上向自己开了枪。他向自己的右侧倒下去，手枪掉到了地毯上。开门的钥匙在他的背心口袋里。"

"他买的那些玫

瑰怎么样了？"探长问道。

"它们都装在一个花瓶里，花瓶放在狭窄的窗台上，花都枯萎凋谢了。另外，据我们分析，海克特死了至少已有8天了。"

"整个地板都铺了地毯吗？"

"是的，一直铺到了离墙脚一英寸的地方。"警官回答。

"在地板、窗台或者地毯上有没有发现血迹？"

"只有一点灰尘，没有别的东西。只在床上有血迹。"

"如此说来，你最好派人检查一下地毯上的血迹。"海尔丁说道，"有人配了一把海克特房间的钥匙，他开门进去，打死了正站在窗边的海克特，然后，凶手打扫清洗了所有的血迹，再把尸体挪到床上，使人看上去像是自杀。"

海尔丁为什么如此推断呢？

提 示

从13朵粉红色的玫瑰和地板上的灰尘开始推理。

中尉身上的密码

事情发生在20世纪70年代。

Q国的一艘巡洋舰"马格德堡"号在波罗的海触礁沉没。G国得到情报后，立刻派出潜艇前去搜索。从这只沉船中，G国的潜水员打捞出许多死难者的尸体，其中的一具，从军装上可以辨认出是一个中尉。这具尸体的胸前放着一只装有绝密文件的铅盒子。

打开铅盒子，发现3个密码本——一本是Q国海军用的战略密码；一本是Q国海军用的战术密码；一本是Q国的商用密码。这一发现使G国欣喜若狂。于是，他们立即组织了一个由G国海军情报局局长雷金纳德·霍尔少将主持的、直属于海军总部的密码分析机构，代号为"04邮局"。这个密码分析机构集中了数十名称得上权威的语言学家、数学家和电脑技术专家。经过几个月的紧张工作，终于把大部分密码破译出来了。

依靠这3个密码本，G

国源源不断地截获了许多宝贵的情报，其中包括Q国在各大洋上舰队的战斗序列、火力分布以及Q国派遣在世界各地的间谍的活动。而对于这一切，Q国还一直蒙在鼓里，他们还在继续使用这些密码。

下面是G国截获的一组密码："101 100 102 210 001 112"。这是Q国派驻在E国的间谍拍发给本国情报总部的一份情报。这份情报的内容是以下三者之一："盼归"、"寄款"、"买书"。特别有趣的是，这组密码运用了汉语拼音的规律，而且这组密码运用的是三进位制。

请问：这组密码是什么意思？并请说明理由。

附：三进位制与十进位制对照表

十进位制	三进位制	十进位制	三进位制
1	0 0 1	6	0 2 0
2	0 0 2	7	0 2 1
3	0 0 3	8	0 2 2
4	0 1 1	9	1 0 0
5	0 1 2	1 0	1 0 1

提示

从给出的三进位制与十进位制对照表可以推理得出。

一尊青铜像

张三和李四是同事，一天，两人扭打着到了公安局。

张三对警官说："昨天晚上，我家里的灯都熄了，我突然听到扭打声。于是，我跳下床出去看个究竟，正撞上一个人从我女儿的房间里跑出来，窜下楼梯去了。我跟在后面猛追，当那人跑到街口时，我借着路灯看清他是李四。他跑了大约50米远，扔掉了一个什么东西。那东西在路面弹了几下后掉进了阴沟，在黑暗中撞击出一串火花。我没追上他，回到家一看，女儿被钝器击中，倒在地上。"

警方按照张三说的地点，找到了一尊青铜像，青铜像底部沾的血迹和头发是张三的女儿的，而且青铜

像上有李四的指纹。

李四辩解说："指纹可能是我前几天在张三家玩时才留下的。"

我听了他们两人的述说和现场所见，沉思片刻，对着张三说："你在诬陷李四。"

为什么？

提 示

从在黑暗中撞击出的一串火花开始推理。

富家女之死

亨利应一位富家独生女之邀，和她的堂姐以及堂姐的未婚夫——一个外科医生，4人一起到郊外的别墅野餐。

小巧轻盈的富家女，双亲都已去世，由她继承了巨额家产。到达别墅后，他们在庭院的草地上野餐。

他们带了3个大篮子，内中装满食物。吃饱后，篮子就收到别墅中。

亨利在与堂姐谈天时，富家女和外科医生一起进了别墅，好久也不见他们出来。堂姐进屋察看，发现里面空无一人。当亨利也想进屋时，外科医生从另一边的树林里出来了。他一身泥巴，说是在摘野草莓。亨利问他富家女在哪里，他说在屋里。然而当他们3人进屋去时，却无论如何也找不到富家女，而且门窗都是从里面锁住的。亨利找来找去，只是在走廊上捡到一块防水布片。3人失望地将别墅收拾整齐，把大篮子放回车上，离开了。

后来警察又进行了仔细的检查，只在浴室里看到了一点血迹。

富家女到哪里去了呢？她被谋杀了吗？尸体呢？凶手又是谁呢？

提 示

其实文中已给出了很多线索：小巧轻盈的富家女，继承的巨额家产，3个大篮子，外科医生从另一边的树林里出来了，等等。

杰姆之死

在布朗神父的教区，有一位叫杰姆的农夫。爱妻早逝，自己心灰意冷，失去了生活的勇气。但是，基督教禁止自杀。如果是自杀，就不能和妻子在一块墓地合葬。他想伪装成他杀，作为寻死的办法。

在妻子的忌日，杰姆在院子里自杀，小型手枪藏得很巧妙。尸体旁边没有凶器，自然会被认为是他杀。

经过搜查，在离杰姆尸体约10米的羊圈中发现了那支手枪。可是，杰姆是用手枪射击自己头部自杀的。他不可能在枪击之后，再把手枪藏到10米外的羊圈里。

警察断定是他杀，使杰姆如愿以偿。但是，布朗神父一眼就识破了事件的真相。

"杰姆这家伙，企图欺骗我，可我不是睁眼瞎。尽管如此，我成全你的愿望，把你和妻子合葬于教会的墓地，同归天国为好。阿门。"

羊圈栅栏门并没有打开，羊不可能也不会出来把枪叼进羊圈。

那么，杰姆是用什么办法将手枪藏到羊圈的呢?

提 示

从杰姆院子里的羊圈里的羊开始推理。

寻找肇事车

亮亮最喜欢看侦探小说了，尤其崇拜破案高手福尔摩斯，他一心想当第二个福尔摩斯。

机会终于来了。这天，小石头在上学的路上看到一辆车撞倒一位老奶奶后就逃跑了。小石头把这件事告诉了亮亮。

"啊，这还了得，得抓住凶手！"亮亮一听，急坏了，"小石头，现在肇事车辆找到了吗？"

"还没有！"小石头摇摇头。

"那你记得是什么样儿的车撞了人吗？"亮亮急忙问，"车子有什么特征？车牌号码有没有什么特别的地方，比如说数字有一定的规律或者什么特殊的地方……"

小石头想了想说："听旁边的一位行人说'最后两位数是前两个数的数字和，而且第一个数比第二个数小。'"

"哈哈，我找到线索了。"亮亮乐了，"还有什么线索呀？"

"好像没有了。"

"别急，再慢慢想一想。"

"哦，对了，听另一个路人说，最后两位数是一个完全

平方数。"

"这就对了，小石头你可帮大忙了。这个线索很重要，我敢肯定，这个车牌号码最后的四位数就是7916。我们马上报警，帮助警察叔叔早点破案。"说完，亮亮拉着小石头就跑。

警察叔叔根据亮亮提供的线索，果然很快就找到了肇事汽车。

你知道亮亮是怎么算出车牌后面的四位数是7916的吗？

提　示

根据小石头指出的数字关系一点一点地推算，答案就不难找了。

谁偷了佛珠

江陵城外有一座远近闻名的佛光寺，寺里建有一座宝塔，塔顶上有一颗闪闪发光的大佛珠，价值不菲，是此寺的镇寺之宝。

这年中秋节，寺院的住持方丈要外出办事，便对两个徒弟说："我要外出办点事儿，你们两个留在寺院要好好照看寺院。尤其是塔顶上的佛珠，要谨防被人盗走。"两个徒弟点头答应着，目送师傅远去。

方丈走后，两个小徒弟每天打水清扫寺院，念经诵佛，安分守己，日子过得看起来很平静。

半个月后，住持方丈办完事归来，却发现塔顶上的佛珠不见了，一定是有人趁他不在的时候偷走了佛珠。怎么才能找出这个作案人呢？于是他叫来两个徒弟询问。

大徒弟说："昨晚我上厕所，借着月光，看见师弟爬上塔偷走了佛珠。"

小徒弟争辩道："不对，我昨晚整夜都睡在禅房里，从没起来过，佛珠不是我偷的。而且，好像自从师傅走后，佛珠就没有发过光。"

主持方丈听完两人的叙述后，便知道谁说了谎话。到底是谁说了谎，你推测出来了吗？

提 示

先推断住持方丈离开时夜晚是什么日子，而他半个月后回来，这时的月亮是什么样子，再根据两个徒弟的答话寻找破绽。

探长的根据

一个评论家的仆人早晨打扫卫生时，发现他的主人倒在客厅的沙发前，胸部中了两枪，已经死亡。这个仆人随后拨打了报警电话。

唐探长接到报警电话后立即赶到案发现场了解情况，鉴定人员检查现场后告诉探长，死者准确的死亡时间是在昨天晚上十点钟左右。

唐探长又仔细地检查了凶案现场四周，然后他想了一会儿，正准备开口说话，突然，客厅墙上挂着的鸽子报时钟

"咕咕"地响了。

鉴定人员还告诉唐探长，当他们赶到现场时，桌上的录音机正开着，里面播放着昨晚十点十分结束的巨人队和步行者队决赛的比赛实况。

于是，唐探长按下了放音键，里面传出了比赛实况的转播声。唐探长一边看着手表一边听着。

过了一会儿，他突然肯定地说："这不是第一案发现场，死者应该是在别处被杀害之后，移尸到这里的，然后凶手又伪装了这个杀人现场，用来误导我们。"

唐探长为什么这样说呢？他是根据什么来判断的？

提 示

探长是从录音机里播放的录音中找到破绽的，而这个破绽与报时钟及录音时间有极大的联系。

指纹在哪里

汤姆向欧文斯借了很多钱，可现在都快半年了，汤姆还没有还一分钱。

欧文斯实在无法忍受，就直接去找汤姆讨债了。他按响了汤姆家里的门铃，找汤姆要钱，两人在争吵过程中动起手来。高大的欧文斯用两只手死死地掐住汤姆的脖子，汤姆在挣扎中左手摸到了一个锤子朝欧文斯的头砸去，欧文斯随即倒地停止了呼吸。

杀死欧文斯后，汤姆马上把欧文斯的尸体拖到后院掩埋

起来，然后擦拭干净所有的血迹，又认真清理了沙发、地板和欧文斯所有可能碰过的东西，不留下一点痕迹。

正当他做完这一切的时候，门外响起了急促的敲门声——是欧文斯的两位警察朋友。欧文斯曾交代，如果他在下午还没有回到家的话，就让他的警察朋友来这里找他。

尽管汤姆十分镇定，一再声称欧文斯没有来找过他，但警察还是不费吹灰之力就找到了欧文斯的唯一一个指纹，证明汤姆在撒谎。你知道这个指纹在哪里吗？

提 示

只要将题目再仔细阅读一遍，就能找到这个指纹。当然，如果你粗心大意的话，就会犯下和汤姆一样的错误。

高超的作案手段

一天早晨，某富翁死在自己的车库里，死因是氰化钾中毒，死者是在准备出车库时，吸入剧毒气体致死的。可是，案发那天，周围既无人接近车库，也没有发现现场有任何可能产生氰化钾的药品和容器。那么，罪犯究竟是用了什么手段将富翁毒死的呢？

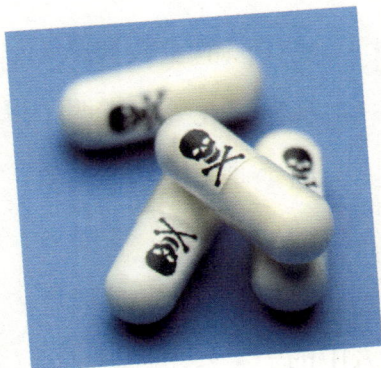

调查这一案件的侦探发现，汽车的一个轮胎已爆胎，被压得扁扁的。他根据这个情况，马上就识破了作案手段。你知道凶手是如何作案的吗？

提 示

发挥一下想象力，想想看致死的剧毒气体与爆胎有何关系，从这方面去推理就很容易找到正确答案。

谁是凶手

某庄园的主人被杀了，来过这儿的人分别是埃比、鲍比和科林。现在警察查明了以下情况：

凶手是3人中的一个，他到达庄园的时间至少比其他两人中的一个要晚。

3人中有一个是侦探，他到达庄园的时间至少比其他两人中的一个要早。

侦探是午夜时分到庄园的。

埃比和鲍比都不是午夜之后到的。

鲍比和科林两人中来得较早的一个不是侦探。

埃比和科林两人中来得较晚的一个不是凶手。那么，究竟谁是凶手？

提示

从到达庄园的时间上开始进行推理。

亮光闪过

一天，唐探长因公务乘火车。车上挤满了天南海北的乘客，大家各自放好了行李，便开始无拘无束、海阔天空地聊起各自的见闻和经历。

时间在大家聊天的过程中，慢慢过去了。突然，车厢里陷入了黑暗中。咦，是怎么回事儿？大家正感到不解的时候，乘务员广播进行了解释，哦，原来是火车进入了长长的隧道。黑暗的环境让大家停止了聊天，耐心等待光明的重现。就在这时，唐探长觉得眼前忽然闪过一丝亮光，好像一只萤火虫飞过。谁也没有注

意这微小的变化。车终
于驶出了隧道，大家终
于盼来了光明，车厢里
顿时又活跃起来。

这时，站在唐探长
身边的一位妇女突然喊
叫起来："天啊，车上
有小偷！我的钻石胸针
不见了！"

显然，那钻石胸针是
在过隧道时被偷走的。
车厢里立刻骚动起来，所有人都用猜疑的眼光打量着身边
别人。

"那是我爱人不久前给我买的胸针！"那位妇女说，
"这让我怎么向他交代呀？"

唐探长挥挥手说："大家别慌，我知道是谁干的。"说
着，他伸手从对面一个中年男子的口袋里拿出了胸针。

咦，有意思。唐探长是怎么知道的呢？

提 示

根据人物所在的位置和一闪而过的亮光着手推理。

弄巧成拙

　　一个夏天的早晨，一个猎人到森林里去打猎，看到一棵大树下有一顶帐篷架在那里。他感到好奇，走过去一看，天啊，帐篷里居然有一个死人。于是，猎人马上报告了警察。警察携带警犬赶到现场，发现死者竟是失踪的老地质员王某，看上去他好像是在这里被人害死的。

　　警察经过认真的勘查后说："罪犯是在其他地方作的案，然后又将尸体移到这里来，伪装成在帐篷里自杀的假象，真是欲盖弥彰，弄巧成拙，反而暴露了自己。"

　　经过跟踪追击，警察很快抓获了犯罪嫌疑人，经过审问正是他作的案。

　　你说，警察是怎么得出不是自杀现场的结论的呢？

提　示

从帐篷所在位置和当时所处的季节来推出答案吧。

愚蠢的罪犯

"救命啊！救命啊！"傍晚，从S城城南的南湖中传来呼救声。

路经此地的唐探长迅速跑到湖边，只见一个大个子男孩儿正站在坚硬的冰面上。他手指着身边的一个大冰窟窿说："快救救我的朋友吧！"

虽然唐探长以最快的速度将他的朋友救了上来，但还是晚了。

唐探长看看大个子男孩儿问："你的朋友是怎么掉进冰里的？"

　　"我们一起滑冰，他不小心就掉进去了。我刚刚试图下水救他，但是没有救上来。"

　　唐探长听后仔细看了看大个子男孩儿的衣服，男孩的衣服干净整洁，没有一点冰或水的痕迹。于是他冷笑着对男孩说："不要撒谎了，你的朋友就是被你推到冰里的吧？"

　　你知道唐探长为什么会这么说吗，他又是如何推断出来的呢？

提　示

　　根据救人情节结合男孩衣着推断即可。

细心的警察

吴先生是某大公司的总裁，最近报纸登出这家大公司将破产的消息。消息刊出不久，吴先生就失踪了。两天后，人们发现他死在郊外他的别墅中，是被刀片割断喉咙而死的。

警察在调查中了解到，吴先生死前曾购买了巨额人寿保险。保险条款中规定，如果吴先生死于意外，将会获得赔偿，受益人是他太太；如果死于自杀，则不能获得赔偿。

警方初步断定，这是一起保险诈骗案。吴先生应该是自杀，他企图制造一种他杀的假象，但是警方在房间里找不到自杀用的刀片。按照常理，人自刎之后不可能还有力气把刀片扔到别处。

最后，有一个细心的警察在死者旁边发现了一些鸟的羽毛，这个问题便迎刃而解了。

你知道为什么吗？

提 示

从现场鸟的羽毛开始推理。

鬼屋的门牌号

S城城东新开的一家珠宝店刚刚购进一批翡翠玉石，当天夜里就被一伙歹徒抢走了。刑警队的张队长带领人员进行调查。

经过分析，张队长说："既然是刚购进的货物被抢，说明店内一定有内奸，不然的话歹徒不可能在第一时间知道。"其他警员很赞同。

"我购进玉石的事只有店里的王五知道。"珠宝店赵老板说，"我们也是很忌讳很多人知道，所以没有向别的店员透露这件事情。"

显然，王五的嫌疑最大，他很快就被请到张队长面前。

"请你回想一下，你们店购进玉石的消息，你和谁说过？"张队长直接问道。

"昨天我在外出之前，店里的张三问我去干什么，我没多想就告诉他我要和老板去购进一批玉石，后来就没有和谁说过了！"王五有些惊慌地回答。

同样，张三被张队长问了同样的问题。张三看事情败露了，便没有再隐瞒，他直接说出因为受到歹徒威胁和利诱，答应他们打听到进货的消息及时告诉他们。

张队长当机立断，让张三带路去歹徒的住所。原来，这帮歹徒住在森林里的一个秘密山洞里，人们都称这里为"鬼屋"。

张队长发现，"鬼屋"的建筑很特殊，朝外是一堵山墙，山墙上有两扇门，而这两扇门的样子是这样的：

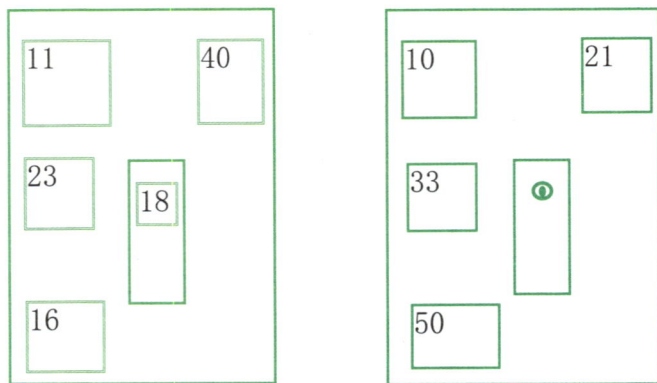

"这是什么意思呢？"一个警员好奇地问。他过去推了推

门，门没有动，"怎么进去呀？"

张队长说："看来这伙歹徒很谨慎，门上设置的是密码，要想打开门，只能从左边的数字中找答案了。"

警员们经过计算后得出左边门上的数字结果是这样的：1+1+4+0+2+3+1+6=18。

"右边圆环肯定是开关，可是18代表什么呢？"张队长又陷入了深思。

"我看歹徒每次按门铃的时候都不只按一下。"张三无意中说了一句。

张队长豁然开朗，在右边的双环上按了几下，门果然开了。你知道他是怎么做到的吗？

提 示

细想张三的话，结合左边数字的提示找答案。

家庭凶杀案

一个偏远的小城里，住着一对夫妇，他们和侄儿、侄女组成了一个四口之家。一天晚上，为了分财产，家里发生了一起谋杀案。家庭中的一个人杀害了另一个人，其他两个人，一个是目击者，另一个则是凶手的同谋。

（1）同谋和目击者性别不同；

（2）最年长的成员和目击者性别不同；

（3）最年轻的成员和被害者性别不同；

（4）同谋的年龄比被害者大；

（5）叔叔是最年长的成员；

（6）凶手不是最年轻的成员。

请问：这四人中，谁是凶手？谁是同谋？谁是受害者？谁是目击者？

提 示

由条件（2）和（5）可以先推断出目击者是哪一位，再根据其他条件依次进行推导。

自杀现场

重案组的江警官接到报案，说有人为了躲避债务在租住的房子里自杀了。闻讯后，江警官带领助手第一时间赶到案发现场，并对现场进行了一番观察。只见死者全身盖着毛毯躺在床上，头部中了一枪，使用过的手枪滑落在地上。床头柜上还放着一张纸，上面写着："我负债累累，只有一死了之……"

助手观察完现场之后，没有发现什么可疑之处，便说："看来这人是自杀的。"江警官没有说话，他走近床边，揭开盖在死者身上的毛毯，看了看说："他不是自杀，凶手另有其人。"

江警官为什么会这么判定呢？

提　示

从自杀细节联想推理。

口红数字

　　小城中的一家旅馆里发现一起凶杀案，死者是一名正在调查一起走私案的女侦探。女侦探死时倒在窗下，手里还紧握着一支口红。

　　警察撩起窗帘一看，发现女侦探死前在玻璃上留着一行用口红写下的数字：809。他又从女侦探的包里发现了一张小纸条，纸条上写着："已查到三名嫌疑犯，分别是代号608的剑、906的岛、806的奇，其中一人是凶手。"

　　警察沉思了片刻，然后指着代号608说："凶手一定就是他！"

　　你知道警察是怎么判断出来的吗？

提　示

　　从女侦探死亡的姿势推断。

可疑的农夫

一天晚上，市政府大楼被盗，警局接到报案后，火速赶往现场。经过紧张的现场勘查、询问证人等一系列程序后，他们把怀疑的焦点集中在附近一个农户身上。

警察问农夫："昨天晚上发生的事，你知道吗？"

"知道，就是政府被盗。可我一直在家，没有出去，不能为你们提供更多的线索。"

"你在家干什么？"警察追问。

"我家养的十几只鸭子在孵蛋，我准备接小鸭子出生。"你认为农夫的话可信吗？

提 示

农夫的回答犯了一个常识性的错误。

失踪的赎金

百万富翁贝克的独生子突然失踪了。这天，贝克收到一封恐吓信："如果你还想见到你的儿子，就把100万美元赎金装进手提包，明晚12点，让你的司机在万圣公园的雕像旁边挖一个坑埋进去，后天中午你的儿子就可以回家了。"

贝克心急如焚，立即报了警。警方决定派警察埋伏在万圣公园进行暗中监视。

夜深了，公园里漆黑一片，公园门口有警员把守，雕像附近也隐藏了好几个警察。

司机带着100万美元来了。他按绑匪的要求，在黑暗中挖了一个很深的坑，把提包放进去埋好，然后空着手走了。

警察们紧紧盯着雕像附近的一切动静。

可是，直到第二天中午，还是不见任何人来取钱，贝克的儿子却平安地回到了家。

警方不知绑匪在耍什么花招，决定挖开埋钱的坑，提包具然还在，可是打开一看，空的，100万美元不翼而飞。这就怪了，警方日夜监视着那个坑，司机也确实把皮包放进坑中埋好，那100万美元到哪儿去了呢？

你认为绑匪是如何将赎金取走的呢？

提 示

没有人从坑中取走钱，钱却不翼而飞了，那么唯一的可能就是钱根本就没有放进去。

戴墨镜的杀手

市郊的一座公寓里住着两个小伙子，一个姓田，一个姓林。

这天，大雪纷飞，王警官和助手接到小田报案，说刚才小林被人枪杀了。他们赶到现场，只见小林头部中了一枪，倒在血泊中。

小田说："我刚才正与小林吃火锅，忽然闯进来一个戴墨镜的人，对准小林开了一枪后逃走了。"

王警官看到桌上摆着还冒着热气的火锅，说道："别装了，你就是凶手！"

请问，这是为什么呢？

提　示

从冒着热气的火锅考虑。

盗油画的贼

一天，唐探长接到一个报警，博物馆在一个星期里有三幅价值连城的油画被盗。

"博物馆里藏有莫奈、伦勃朗和达·芬奇的作品。"馆长介绍，"我们虽然加强了防备，但还是被盗贼盗去了。"

唐探长仔细调查了现场，最后确定，甲、乙和丙三名嫌疑犯。三名嫌疑犯承认每人偷了一幅画，至于分别偷的是哪一幅画，三人提供了如下口供：

甲偷了莫奈的名画；

伦勃朗的画不是甲偷的；

达·芬奇的画不是丙偷的。

以上三个人口供只有一条是真的，你能分析出来这三幅画分别是谁偷的吗？

提 示

可以用假设的方式依次推理。

147

客轮上的谋杀案

一艘豪华客轮航行在太平洋上。这天早晨，船员在船尾的甲板上发现了一具女尸。死者是服装设计师崔素美，她是被人用刀刺死的。死亡时间在前一天晚上23点左右。

客轮正航行在太平洋的中央，凶手即使想利用救生艇逃走，也不见得能保住性命，所以凶手应该仍然留在客轮上，但凶手为什么要留下尸体呢？

事实上，船客中有两个人具有谋杀崔素美的动机。

崔促达——被害人之侄，也是遗产继承人。因为嗜酒如命，欠了别人一屁股债。

廖维欣——被害人之秘书，由于侵占公款，不久前才被革职。

谁会是凶手呢？

提 示

从本案疑点开始推理，要结合常识进行思考。

凶案现场

湖面上漂浮着一具男尸，看上去像溺水自杀。公安人员接到报案后，迅速赶到现场。尸检时，在被害人的内衣里发现了一只蟑螂。

刑警队长立刻断定说："这个人是在室内被杀死，然后转移到湖里的。"

队长的根据是什么？

提 示

从蟑螂开始推理。

扑克牌的暗示

数学家葛教授出差，住在一家星级酒店里。

一天深夜，人们发现葛教授昏迷在酒店的一间包房内，而随身带的钱包却不见了踪影。罪犯在现场没有留下任何痕迹，只是葛教授的手里握着一张扑克牌"K"。然而，这间酒店的房门号都是三位数，如果说这张牌代表"013"号房门，酒店又恰好没有这个房间号。但聪明的警察还是一下子就明白了，并且很快抓到了罪犯。

警察是从哪里找到的蛛丝马迹呢？

提 示

可以考虑"牌"的谐音，和一个数学名词有关哦。

刑警抓歹徒

在一次抓捕行动中，一名刑警紧追一名歹徒。歹徒跑到了一个圆形的大湖旁边，跳上岸边唯一的一只小船，拼命地向对岸划过去。刑警骑上一辆自行车沿着湖边向对岸追去。如果刑警骑车的速度是歹徒划船速度的2.5倍，那么在湖里面的歹徒还有逃脱的可能性吗？

提 示

这是一道计算速度的数学题。

破绽在此

海边的H市某天晚上受到了台风和暴雨的袭击。

第二天早晨，在公园发现一具男尸，浑身湿淋淋地趴在地上，旁边还有一顶死者的帽子。现场没有留下任何痕迹，更找不到目击证人。

经验尸，死亡时间已经超过20个小时。警员断定，这不是凶杀现场，死者是被人从别处搬运来的。

警员根据什么下的结论呢？

提 示

从天气开始推理。

伤号与逃犯

一场混乱的枪战之后，某医生的诊所里冲进一个陌生人。他对医生说："我刚穿过大街时突然听到枪声，只见两个警察在追一个逃犯，我也加入了追捕。但是在你诊所后面的那条死巷里遭到那个家伙的伏击，两名警察被打死，我也受伤了。"医生从他背部取出一粒弹头，并把自己的衬衫给他换上，然后又将他的右臂用绷带吊在胸前。

这时，警长和地方议员跑了进来。议员喊："就是他！"警长拔枪对准了陌生人。陌生人忙说："我是帮你们追捕逃犯的。"议员说："你背部中弹，说明你是逃犯！"可是警长说："不，这个人不是真凶！"

究竟谁是真凶？

> **提 示**
>
> 从凶手的话中找出破绽。

头脑密码

X城里出现了凶杀案，凶手作案后就逃跑了。警察赶到现场后，一个目击者提供了这个凶犯的情况，说凶手正在一家饭店里吃饭。警察赶到饭店后，可这个小伙子否认自己杀人，称自己一直在这儿边吃饭，边看电视，根本就没有离开过饭店。饭店的经理和周围的人也证实了他的说法。可目击者一致确认，从相貌和衣着上看，这个小伙子就是那个杀人凶手。后来，警察提取了嫌疑犯留下的指纹，发现指纹和这个小伙子的明显不符。

警察忽然明白了，他赶紧去查了小伙子的户口册。根据这个线索，警探顺利地把凶手抓到了，并且还证明了凶手确实不是这个小伙子。

警察为什么要去查户口册呢？

答案：根据生活常识，只有双胞胎才会如此相像。警察想，这个小伙子可能有一个孪生兄弟，找户口册一看，果然如此。因此，他们很快就抓到了凶手。

答 案

第110页：

凶手上午把罗曼绑在树上，用生牛皮在他脖子上绕了三圈，但没有紧到令人窒息的程度。然后凶手就离开了现场。生牛皮在烈日的照射下渐渐干燥，慢慢紧缩，终于罗曼在下午四点左右死去。

第111页：

放在窗台上花瓶中的13朵玫瑰，在房间里搁了两个星期后早已枯萎凋谢，窗台、地板和地毯上应该找得到落下的花瓣，不可能"只有一点灰尘"而"没有别的东西"，所以海尔丁认为这些花瓣是凶手清除血迹时一同弄掉了。

第113页：

这组密码的意思是：寄款。

我们已经知道，这组密码运用了汉语拼音的规律和"三进位制"。那么，汉语拼音的26个字母是否可以用从1到26的阿拉伯数字来代替呢？不妨试试：

"盼归"、"买书"、"寄款"的汉语拼音分别是"pangui"、"maishu"、"jikuan"。用阿拉伯数字代替这三组汉语拼音字母，分别是"16、1、14、7、21、9"，"13、1、9、19、8、21"，"10、9、11、21、1、14"。再把这三组数字换成三进位制，分别是"121、001、112、021、210、100"，"111、001、100、201、022、210"和"101、100、102、210、001、112"。最后一组数字与题目所给的一组密码相同，从而得知，这组密码的意思是"寄款"。

第115页：

青铜是一种抗摩擦的金属材料，古时候，被广泛用于制造大炮，青铜和路面撞击不会擦出火花。

第117页：

其实线索在原文中就已经给出了，堂姐先进屋察看，她是帮凶，是她反锁的门。

所以凶手是堂姐和她的未婚夫。当富家女和外科医生进入别墅后，医生便杀了她，在浴室里肢解了尸体，用防水布包着，放进大篮子里。因为被害者很娇小，重量轻，不易被发觉。

第119页：

杰姆在小型手枪上连接了一条长纸条。纸条的另一端喂给羊吃，然后自杀身亡。羊喜欢吃纸，纸条被一点点吃掉，手枪也随之被拉进羊圈（为了让羊把纸条吃光，杰姆一天没喂羊）。

第121页：

最后两位数是一个完全平方数，就有16、25、36、49、64、81这几个数，而这几个数中只有16是两个一位数的和。同时，得数是16的两个一位的数只有7和9以及8和8，而且第一个数比第二个数小的就只有79了，所以这个数就是7916。

第123页：

大徒弟说了谎，是他偷走了佛珠。因为，住持方丈走了半个月，昨晚应是农历初一，没有月亮，怎么会有月光呢？

第125页：

根据常识可知，报时钟会在整点报时，而录音机会录下所在地方的全部声音。如果评论家真的是在书房被枪杀的，那么磁带中就理应录上了昨晚报时钟报22点的鸽子叫声。之所以录音中没有鸽子的叫声，是因为凶手是在别处一边录音，一边枪杀受害人的。

第127页：

欧文斯是按门铃进来的，所以门铃按钮上还留有一个指纹。而警察是敲门进来，所以门铃按钮上那个未清理的指纹还没有被破坏。

第129页：

轮胎里充满了高压氰化钾气体，罪犯是在前一天晚上悄悄溜进车库作案的。第二天早晨，当被害人想出车时，发现一个轮胎气太足了，这样车跑起来会出危险，便拧开气门芯放些气。就在那一瞬间，有剧毒的氰化钾气体喷出来使其中毒身亡。

第130页：

根据"侦探是午夜时分到庄园的。埃比和鲍比都不是午夜之后到的。鲍比和科林两人中来得较早的一个不是侦探"，可以推断科林是侦探；根据"埃比和科林两人中来得较晚的一个不是凶手"，可以推断埃比就是凶手。

第131页：

当那个妇女发现胸针被盗时，唐探长马上联想到刚才在黑暗中出现的一道亮光。他仔细一看，发现对面那人戴着一块夜光表，其手臂伸展的方向与妇女的位置相吻合，所以他断定那亮光一定是夜光表发出的，不用问，钻石胸针当然是他偷的。

第133页：

探长一看帐篷是支在一棵大树下，就断定为他杀。因为死者是有经验的老地质员，他不可能在夏天的野外将帐篷支在大树的底下，因为夏天雷雨天气多，在树下容易被雷电击倒。

第134页：

大个子男孩说自己已经试图下水救朋友，如果他真的下水了，身上肯定会是湿的或带有碎冰。可是，他的身上不仅没有湿，而且连一点冰都没有，很显然他是在说谎。

第136页：

秘密在于鸟。吴先生把刀片绑在鸟的爪子上，自杀以后，鸟由窗口飞走，带走了凶器。

第137页：

按照左边数字的提示：

1+0+2+1+3+3+5+0=15，从张三的话中，我们可以知道门铃是要按对次数才会打开，所以左边的18肯定就是要按的次数，由此推断，右边的门按15下，就可以打开了。

第140页：

根据条件（2）和（5）可知目击者是女性；根据条件（3）、（4）和（6）可知目击者是侄女，且她是最年轻的成员；又由（1）、（3）和（4）可知同谋是叔叔，被害者是侄儿；综合以上条件可知婶婶是凶手。

第141页：

死者若是自杀，他拿枪的手必然露在毛毯外面，而他的手却在毛毯里。可见，是有人杀了他后给他盖上毛毯，伪造了现场。

第142页：

因为女侦探是背着手写下608这个数字的，数字排列发生变化，正反顺序也颠倒过来，608成了809。

第143页：

不可信。野鸭会孵蛋，而家养的鸭子经过长期的人工选育已经退化，是不会孵蛋的。农夫在撒谎。

第144页：

司机就是绑匪，他在车中放了两个同样的提包，他将赎金留在了车上，将空提包埋进了坑里后，回到车上拿走了赎金。

第146页：

如果有人戴着墨镜从寒冷的室外进入热气腾腾的室内，镜片上会蒙上一层雾气，根本无法看清屋里的人。

第147页：

因为只有一条是真的，所以可能的情况只有三种：

假设第一条是真的。由此甲当然没有偷伦勃朗的画，所以第二条口供也是真的，同已知只有一条是真的条件相矛盾，就此可以推断第一条不是真的。

假设第二条口供是真的。则甲只可能偷莫奈的画或者达·芬奇的画。如果甲偷了莫奈的画，那么第一条也是真的，与条件只有一条口供真实相矛盾。如果甲偷了达·芬奇的画，丙当然没有偷达·芬奇的画，第三条又成为真话，也和条件矛盾。所以第二条也是假的。

假设第三条口供是真实的。由此推出甲偷了伦勃朗的名画，乙偷了达·芬奇的油画，丙偷了莫奈的名画。这样，案情就昭然若揭了。

第148页：

凶手是遗产继承人崔促达。他为了早点把遗产弄到手，没有将尸体丢入大海，而是刻意留下。因为法律规定，在失踪期间，失踪人的财产是不能被继承的。

第149页：

蟑螂不在野外生存，因此，被害人是在室内被杀害并滞留的，在此期间蟑螂钻进了尚有体温的尸体的口袋里。

第150页：

"牌"与"π"谐音，π即圆周率3.1415926……一般取3.14计算。数学教授通过π的数值提醒人们，罪犯就是住在这间酒店314号房间的人。

第151页：

歹徒如果聪明的话，可以先把船划到湖心，看准刑警的位置，再立刻从湖心向刑警正对的对岸划。这样他只划一个半径长，刑警要跑半个圆周长，即半径的3.14倍，而刑警的速度是歹徒的2.5倍，歹徒能在刑警到达之前先上岸跑掉。

第152页：

案件的破绽就是那顶帽子。由于昨晚有台风刮过，因此，死者的帽子不可能遗留在现场的。

第153页：

议员是真正的凶手。他进诊所时，陌生人已经换上了干净的衣服，并且吊着手臂，他不应该知道陌生人是背部中弹。

图书在版编目(CIP)数据

头脑密码/袁毅主编. —武汉:武汉大学出版社,2013.1(2023.6重印)

(图说科学密码丛书:彩图版)

ISBN 978-7-307-10462-4

Ⅰ.头… Ⅱ.袁… Ⅲ.智力游戏 – 少儿读物 Ⅳ.G898.2

中国版本图书馆 CIP 数据核字(2013)第 022691 号

责任编辑:吕 伟 责任校对:杨春霞 版式设计:王 珂

出版发行:**武汉大学出版社** (430072 武昌 珞珈山)

(电子邮箱:cbs22@whu.edu.cn 网址:www.wdp.com.cn)

印刷:三河市燕春印务有限公司

开本:710×1000 1/16 印张:10 字数:60 千字

版次:2013 年 1 月第 1 版 2023 年 6 月第 3 次印刷

ISBN 978-7-307-10462-4 定价:48.00 元